GATOS PIRÓMANOS

Y OTROS POEMAS

Gabriel Cortés Serra

GATOS PIRÓMANOS
Y OTROS POEMAS

También por Gabriel Cortés Serra:

Mis manos son otra persona

I want to wear his initial
On a chain round my neck, chain round my neck
Not because he owns me
But 'cause he really knows me

—Taylor Swift
Call It What You Want

To define is to limit

—Oscar Wilde,
The Picture of Dorian Gray

Gatos pirómanos y otros poemas
Primera edición: noviembre 2021

Gestión editorial por Las Marías Estudio Editorial
www.lasmariaseditorial.com

Publicación independiente
PoD Amazon

ISBN: 9798468949061

Para Luriel,
otra vez y siempre.

Gatos pirómanos y otros poemas
contiene material sensitivo relacionado a temas como depresión, abuso sexual, suicidio y alcoholismo.

Recuerda siempre practicar autocuidado antes, durante y después de leer.

Nota del autor

Me gusta cuando mis poemas interactúan entre sí y tienen hijos.

La idea para este segundo poemario nació como una visión antes de terminar *Mis manos son otra persona*, justo en uno de los últimos poemas que escribí, titulado "ouija".

Mientras que en *Mis manos son otra persona* yo iba buscando las palabras como un cazador, aquí ellas llegaron a mí. Estos poemas fluyeron, y yo dejé que fluyeran en mí como un buen vino, sin interrumpir ni alterar sus caminos, dejándome llevar por las imágenes que proyectaban en mi cabeza.

A diferencia del primer poemario, que lo escribí queriendo que fuese íntimo y confesional, narrando una verdad entre varias mentiras, este segundo está repleto de poemas inspirados en personajes ficticios creados por mí, y otros bajo los efectos de tintos de verano y las consecuencias de una pandemia.

Aun así, en *Gatos pirómanos* hay residuos de Viviana, la voz protagónica de mi primer poemario, *Mis manos son otra persona*, continuando su historia en algunos de estos poemas, junto a las otras nuevas voces que fui creando.

Dame una copa de vino y te escribiré un poema
solo con mis labios.

la entrada

¡bienvenido al purgatorio!

aquí el café se prefiere negro
y los poemas como el sexo mañanero.

entrégueme su abrigo;
yo se lo cuido.

precaución con el escalón
y su maquiavélico truco resbaladizo.

de más abajo
pocos han regresado.

vivimos entre dientes mortíferos
que nos muerden sabroso.

somos esclavos
blancos.

somos esclavos
negros.

somos esclavos
rojos.

somos esclavos bellacos
hasta los huesos.

somos esclavos malignos
bajo una luna de queso.

la sombra que irgue del fuego
eso también somos.

pídele al mesero una copa de vino
y toma asiento.

¿quieres un dulce macaron?
nadie se resiste a esa tentación.

¿qué tal una lámina sobre la lengua?
te sentirás como árbol de navidad

¡oh, escucha, escucha!
el Bosque de Noruega suena la trompeta.

¡escúchalos maullar!
la función está por comenzar.

y vamos a quemar
la noche prestada vamos a excarcelar.

y vamos a flirtear
la noche amatista vamos a follar.

y vamos a soñar
la noche inmortal vamos a recitar.

aquí solo se purga
el exceso de vergüenza.

escaparemos
los que no tenemos otros rostros.

seremos malditos borrachos
con afán de historiadores que perrean sucio.

una gran reputación
preside sobre nuestros lomos.

dejaré volar un par de secretos
aquí, para excitar un verso en el cielo

y lubricar el cuero negro
que nos va a disfrazar por completo.

el telón se recoge para iniciar la función.
¡qué maldita y jodida emoción!

póngase cómodo en su asiento
y rasgue sus uñas sobre el terciopelo.

es delicioso, ¿no?
hazme en ti de todo un poco.

te confesaré
qué no hay después de la muerte;

te desnudaré
qué culpas me gobiernan y su fuente,

la fuente de todos
esclavos

rabos en el viento
jugando cursivo, entrelazados

bigotes largos
en rostros clandestinos

¡míranos, míranos!
somos

la salamandra y su mito
vuelo de murciélago.

somos
grito de cuervo.

anfibios
el abrazo de un pulpo.

somos fósforos en las manos
y gatos pirómanos.

10 de agosto de 2020
2:32 a. m.

la traba

devoré a mi hermano, el que nunca creció
no abrió los ojos por estar a mi lado
crudo y deforme, callado.
no nació por el hambre;
mi boca que también es una mano.
eso me contó mi madre
antes de acostarme en mi sexto verano
cuando peinar la sangre
era mucha atención para un gato.

ahora sé
que incluso de pequeño
hubo siempre un relámpago en mis
/decisiones;
que bajo la piel con todo su cabello vive
/alguien más
que conspira contra mí, conmigo;
que huele a secreto, a hambre retrasada;
que araña en mis párpados
cuando quiere algo, o cuando no
pero entre los dos, yo gano.

soy la traba, el egoísta
el tímido veleidoso
que enmudece cuando el otro maúlla.
soy lo que soy porque nací
constreñido a la blanca conciencia de otro
abrazado en mis huesos.
cuando siento un estremecimiento
sé que él está llorando
y sonrió;
sonrió porque sé
que incluso antes de nacer
yo era un asesino.

en el placer

el fuego es una cobija
que mantela
deseo que me consuela;
su lengua
me hormiguea la espalda
pelada y desnuda
fregada por la sarna.
su lengua
es un poema,
una cadena de rimas sin vergüenza;
se multiplica
rojo,
tan rojo
desdibujando mi reflejo –
¡oh, amorfo cuerpo en el espejo!

su lengua
es una coleta, una bestia colosal
de hambre
que no tiene final

que invita y no comparte
que pellizca
y se burla
y condena con su vestido escarlata;
su lengua
es una mano que borra
sin advertir
pero cuántas chispas brillan sin mentir
en mis párpados
de morir.

si tuviera un ladrillo
por cada vez que abandono el cuerpo
en el placer
construiría un castillo
para verlo caer
en los brazos de un pulpo.

la vigilia de un amor imposible

ella vivía en la celestial armonía
de cosas que yo no tenía —
solo podía entregarle una librería
de memorias llenas de agonía.

ella tenía soles en las orejas;
su resplandor les causó al mundo una
/ceguera
la gente huía como a las carreras —
y yo perdí mi camino hacia los panales de
/abejas.

ella tenía espejos de plata en los ojos.
y cuando la viuda noche se asomaba por los
/ríos
nosotros descendimos como narcisos,
esperando hallar en el fondo los besos
/prometidos.

¡oh, yo le entregué todo lo que tenía;

le desnudé mi corazón con las penas que yo
/sufría!
pero ella me dijo que nadie la entendía;
que las flores, la miel, ni los días la
/convencían.

ella era líricas de azul cobalto;
y con mis lágrimas podíamos hacer un
/dueto.
en su voz de céfiro blanco se escondía un
/secreto...
¡oh, me siento de esqueleto incompleto!

ella tenía dos amantes:
uno era justiciero de las muertes,
y el otro, abogado para los no fuertes —
pero yo, ¿dónde estaban mis suertes?

¡la noche me desvela con su poesía!
ella fue todo lo que yo quería.
regalé mis jardines amarillos sin conocer que
/un día
el milagro de ser correspondido me
/extinguiría.

lo que se oculta

¡que su forma no te engañe!
mírale bien los ojos noche de serpiente
su boca de vampiresa
con la lengua que cría la ceniza
la coleta sobre el ano
sacudiendo las voces del humo
mírale de reojo
precavido
con respecto
pero ¡que no se te escape!
mírale saltar, cómo danza en las azoteas
cómo sacude las caderas
al soplo del *jazz* en el diamante bulevar —
¡oh, maquiavélica y sin collar!

mírale como se miran a las moscas
sobre templos prestados;
y adelgaza un par de estacas
que ella muerde y no hay préstamos
que te rediman de morir

que su reputación de Medusa
no te sorprenda
encima de tu cabeza.
si es necesario
consíguete los ojos de un lunático
entiéndete con un asesino
solo uno de ellos te explicará
lo que yo no puedo
y cuando llegue tu hora
sabrás qué hacer cuando ella sorprenda.
cuídate igual que un criminal
igual que todo lo que se oculta;
lo que espera.

¡mírale cómo maúlla!
su donosura se desenvuelve en el aire
huye de su emponzoñado perfume,
de los ojos que vigilan sobre las azoteas
de las garras que secuestran bajo las
/alcantarillas.
haz como digo, repite conmigo
y salvado estarás,
las estacas no pondrás en acción.
abraza tu cordura
de su runrún púrpura, de su canción de
/cuna;
o sé un pecador
y enfréntala en la tentación —
¡adiós, mira que te llevo en mi oración!

amarte sin querer

mis ojos eclipse de ninfeta
se estrujan en tu mentira.
te quiero morder la mandíbula
hijo de puta.
quisiera despertar de la factura
en la que me seduje
con tus palabras llenas de anzuelos,
de promesas palpables
todas apretadas en un carrusel flotante.
me pellizcas la palidez
como si de mí algodón fueras a comer
como si en mí te fueras a refugiar;
pero eres tú quien se va despidiendo
tú quien no ciego se acuclilla
delgado y blando
sobre el balcón de mi espalda
para saltar sobre ruedas que el aire carga
y escupen el brillo
de tus ojos hasta abandonarlos negro
y negra dejas la noche

noche de guarida
guarida en mí para la mentira
mentira que fui
mentira que no refleja edad
edad que salpica en mis lágrimas
en mi carita de niña
niña que te araña la carita estrellada
de rayas largas
conscientemente largas
insidiosamente sexualmente largas
para arrepentirme
y estrujarme en tu mentira.

4 de julio de 2020

ellos dicen:
no regreses a donde no te quieren.
no regreses donde todo duele.
pero tengo que hacerlo.
yo regreso
para hacerte a ti
en poema.

tabula rasa

hice una lista de todas las palabras
que tuvieron un matrimonio con la escena
y las coloqué
con tanto esmero y delicadeza
una por una, individual
en el buscador:
niñas bonitas violadas
niñas bonitas dormidas y violadas
niñas bonitas mamadas obligadas y violadas
niñas brutalmente violadas
niñas recopilación grupos violadas
niñas golpeadas
niñas inconscientes
niñas muertas.

fui más específica y escribí mi nombre:
Viviana, 7 años, violada
y ahí estaba
una porno grabada por Dios
sin tanta burocracia

y saltándose las minucias del sexo.

una virgen en la nieve
que escupe pétalo a pétalo una rosa
para crear en el aire el cuerpo de la
/mariposa;
y sonríe; creé que todo es un juego.
sus ojos pican los míos a través de la pantalla
(sabe que la examino)
como preguntándome adonde la dejé...
en la alberca rosada con guijarros dorados, le
/contesté
por algún estrecho debí seguir.
ella me continuó picando con los ojos
con la silueta del hombre, de los hombres de
/mil rostros
bañando su perfil.
¿acaso dejaste de creer en mí?, me preguntó
¿cuándo dejaste de ser yo para ser tú?
¿en qué hora y noche apostaste el cuerpo
lo dejaste perder, lo desfiguraste para engañarte?
/continuó.
pero yo seguí viéndola como si estuviera
/ciega,
la vi como se hace con las fotografías
y apegué su luz
perdí el suelo
dejé que descendiera
suave en la alberca rosada.

pero ella sigue ahí, en todos los márgenes
aun cuando mi vida

procedió a ser una ciudad hecha de
/cuadrados
bien editados, con la sombra y luces
adulteradas, para llenarse
de corazones con el toque de una yema
/extraña...
si derramo una lágrima de sol,
ella se presionará
contra el cristal para lamerla.
me creí estar limpia de ella, pero su
/reputación
me llevó por un enjambre de laberintos
que ocultaba un diseño aún más grande y
/más oscuro:
la culpa embadurnada
como una muñeca rusa o un hexágono.

recuerdo ahogar un grito
bajo una nube blanca que se derritió.
remojé ese recuerdo
y húmedo, suave, con una ternura hipócrita
me palpitó en la cicatriz;
pero ya no alteró en la donosura su matiz.
y viéndolo desde ahora
creo que me excedí en acumular la culpa
y descifré ese diagrama que desencadena el
/portal
de tanta excitación
por la muerte, el fracaso, la opinión.

me reduje a ser mitad esquina
disculpándome cuando otro se tropieza

sin mirarme a la cara, sin decir una palabra
apartada y mal interpretada.
mi vida pasaba por esa pantalla
expulsada a la periferia
de un huero.
si pretendo ser algo que no —
algo como el océano,
como una foto con filtros...
¿acaso perteneceré a algún lado?
corazón corazón corazón
¡luego desapareceré en veinticuatro horas!

he jugado a la víctima por mucho tiempo;
ahora presiono *compartir*
y me dejo continuar.

el arrullo de mi sexo

he sido mujer desde que tengo siete años.
tú nunca lo habrás sospechado,
pero he sido
mujer al caminar, al soplar
poemas en el viento.
he sido mujer desde un tiempo atrás,
desde que te invito
a pasar más noches de quejidos conmigo.
incluso entonces, no supiste
de lo que estoy nacido.

si te hospedarás más tiempo
en mis adentros
podrías encontrar que soy más de lo que
/reflejo.
¿acaso mis ojos no te parecen misterio?

he sido mujer contigo siempre;
múltiples mujeres a la vez.
lo he sido al bailar, al vestirme;

con o sin maquillaje
he sido mujer sin importar
mi cabello corto, el vello creciente en el
/pecho
el miembro entre las piernas.

he sido mujer desde mis raíces,
desde la gruta de mi voz, en el arrullo de mi
/sexo
y no requiero tu aprobación para admitirlo.
¡qué importancia tiene mi nombre
si la vida entera he sentido ser más mujer
/que hombre!

contigo soy lo que los poetas no

contigo soy lo que los poetas no:
un delato gradiente;
y te entrego el óvalo misterio
antes que puedas resolver el acertijo.

y pierdo,
contigo siempre pierdo:

la voz dentro de un vaso
con rocíos
de tus labios.

la propuesta

quiero beber el abierto arroyo del día
en tu abertura de porcelana, mi canción
/herida;
leerte poesía, sentir tu alma ser mía.

quiero encontrar
en las nubes de mi cama
tu arpa desnuda, con mis manos duras.

quiero sembrar flores de mi boca a tu piel;
hacer un jardín crecer
en tu corazón, para yo serle fiel.

quiero perder el resto de mi virginidad
/contigo;
y ser el rayo mostaza que funde calor
encima de la palma de tu mano, que antela
/nuestro destino.

quiero hacerte sentir mejor

bañarte abajo de la cintura con besos de
/otoño
de tu paisaje quiero ser el hacedor.

la isla mítica

ninguna cigüeña me trajo aquí;
soy mi propio pasaporte.

a mí nadie me domesticó para ser mujer,
yo mismo me enseñé
ser gobernante de los caminos en mi sangre
y no mujer de hombre, no mujer del hombre
/que vive en mí.

mi cuerpo es isla mítica:
los espejos son mostradores de mis avatares,
múltiples en reencarnaciones;
son de sirenas afilando la voz en su orquesta
/matutina;
elefantes voladores y música al estómago,
cien veces un mar cautivo en mí, golpeando
el corazón al minuto.

bajo el ombligo hay asombros;
selva y perfumes,

una flor en amanecer conociéndose a sí
/misma
su lengua es servilleta al fuego,
rebelde y ardiente.

aquí nadie me demostró la verdad;
yo mismo la encontré
en un espacio secreto de mi sexo —
y la verdad es líquida, es transportable, no
/tiene orientación.

no me subestimes por pleamar,
cuando en mí se irguen las olas más altas.

deuda de culpa

cuando me preguntan cómo estoy
solo respondo:

aquí. estoy aquí.

y lo hago por no decir
que estoy aquí por no abrir
aquella botella, gema turquesa
de elixir
que en nostalgia
encarcela mi garganta;
por no decir que pienso mucho en morir
y no muero
por estar aquí;
aquí donde las palabras no invento
y quiero;
donde las palabras son pesetas
en una maceta de propina
y no son suficientes
para comprarme un par de navajas.

estoy aquí

pero es un accidente;
y es que cuando pude no lo hice,
no fui valiente.
aposté la oportunidad
por duda
y ahora estoy aquí
con la deuda de culpa
quemándome
                    quemándome
los párpados; mis lágrimas son ácido
                    rebotándome
y estas manos no me sirven
si llevan tatuado un mapa del infierno.

ahora sí
pregúntame cómo no estar aquí
                    pregúntame
cómo dejar de ser
y apostaré
algunas palabras
con las que forjaré una hoguera.

carne desnuda

la lluvia salada consagra mi espalda;
abierta y lastimada,
mi espalda es una ventana
por donde la luz malva se asoma,
vecina querida de mi alma.

me entregué a la ventaja de ser amada;
aliviada de culpa, librada
de la tormenta internacional con su llamada:
política infantil y religión limitada,
en el mudo llanto de la memoria no
/olvidada.

la lluvia con su sonrisa tibia me aconseja:
no te conformes con agua muerta,
haz que la raíz de tu país no se nutra de la
/saliva escupida,
de las ideas prestadas y la exportación
/expirada;
sé mujer de tu propia carne desnuda.

el mar tiene una historia no contada;
viene en corales de fuego con una soledad
/cansada
y en mis entrañas un coro de voces se
/levanta,
evoca la suspicacia de que yo no estoy
/enterrada
con un partido u otra isla.

la lluvia es antigua soberana;
me estira pronombres en una lista con su luz
/diluviana
os que guardo en mi frasco de propina.
el mar se retira, tiene su propia salida
y mi cuerpo es arena besada, palma en la
/orilla partida.

poema de la voz no domesticada

confieso mi voz fuera del silencio
al vacío de garabatos para conservarla;
tal vez pueda ser encontrada
por otros sin intentos de ser domesticada.

el sentimiento pierde encanto
cuando hay que explicarlo.
son las cosas que tienen nombres
las que no me dejan ser libre.

mi cuerpo es un país:
forma su propia costa, una doctrina,
con hijos e hijas en cordilleras;
es fortificada con poemas,
y el tiempo me obsequia herederos
de mi propia tribu en el sexo.

el mar también es un cuerpo con voz en
/movimiento
que no puede ser domesticada.

la ira es muy débil
y con sabor a los años gastados.

me expongo delante de todos,
recito mi verdad, la no censurada receta de
/mi sexo
para incitar el múltiple eco.

el sufragio advertido de la voz

mis ancestros lo advirtieron
como un credo secreto en la sangre:
no contraigas matrimonio;
si te adentras y accedes, cruzarás al infierno y crucificarán tu templo.
cuando uno emperna su mano con otra,
no solo renuncia al destino propio,
también halla membresía de un pasado
/remoto.
cuando uno enlaza su vida con otra,
no solo tiene un nuevo esposo;
también se casa con el padre y el abuelo,
el bisabuelo y todos los bises anteriores
uno se casa con otra historia,
con los descubridores, con los pecadores;
uno se casa con la Casa de los Hombres y
/su caza de perros,
con el anacronismo, con la ontología
/menguada;
y antes de eso estuvo el incesto.

uno se casa con la sangre que derramaron,
con las islas que robaron;
con todo excepto el genuino perdón.
mis ancestros lo supieron,
lo soplaron en golpes de murmullos:
uno se casa con el contrabando, el dinero
/heredado;
con el cáncer y la orina, las úlceras y las
/sorderas,
y el VIH oculto en el cuerpo
porque según la familia eso sólo les ocurre a
/los maricones.
mis ancestros fueron claros con el reporte:
si contraes matrimonio serás cabeza sobre
/un pico,
serás carne de mujer, sombra de hombre;
serás lo que otros forjarán
y no otorgarán espacio para tu voz de
/océano;
así que sé tuya, sé múltiple
desde el reino afrodisíaco de tu corazón.

madre documentada

fue a confesar en mi sexta primavera
la madre documentada, de pulso y vientre
(que me parió en la antigua vida)
su templanza de no concebir una hija
aun cuando la disforia de mi cuerpo fue a
/demostrar
señales de su real naturaleza.

madre documentada no fue una puerta
/cerrada
con lágrimas en una herida escondida,
subrayada por la intransigencia
de mi padre y el séquito patriarcal
cuando desnuda mi voz
expuse mi sexo en su originalidad.

madre documentada me demostró la
/trayectoria
de rutas ausentes de libertad;
tierra domesticada para quedar adentro de

/una casa
vestida con los colores de la herencia
de otras tierras limitadas
por autoridad de banderas daltónicas.

madre documentada tuvo el vientre
/supervisado
por hombres y leyes.
hubo pautas, madre confesó;
restricciones al cuerpo que nunca fue suyo.
y le restaron sus derechos, y con eso,
/cualquier sueño
por ser tierra con dueño.

madre documentada me aceptó
sin límites, conociendo los riesgos del éxodo.
no juzgó, tampoco cuestionó
porque el cambio se debe levantar por un
/medio...
sin secretos, a través de un te quiero
en el gesto de un abrazo en el
/entendimiento.

la respuesta

la maldad no tiene precedentes;
es huérfana maleza
a la intemperie de unos labios en plena risa.
recuerdo el niño-gato
que cuestionó mi sexo en la boca de un
/grupo de sexto
(todos creíamos ser grandes en aquel
/entonces)
recuerdo la duda en su voz de espina,
escupida dos veces
para ser un múltiple espejo
en las voces de sus compañeros.
recuerdo la pregunta carbonizándose con la
/edad,
tan gastada y mutilada,
raspando el viento de la individualidad
/prístina;
interfiriendo, con la sexualidad emancipada.
"sexo extranjero", así me llamaron
cuando muda y sola quedé, fuera de la

/interrogación.
la respuesta estaba sembrada en el centro
que adjuntan mis dos islas.
al confesarme, espanté los residuos de
/cualquier duda
y en mi sexo la verdad quemó delicias;
la risa malévola con vergüenza se marcha,
/quedando muda.

el resto de los días

una araña me fue a visitar;
me esperaba en las afueras de mis libros.
era visualmente real,
no como esas que tejen su víspera de muerte
en el punto final de dos paredes;
que se mienten con poder apresar alguna
/víctima.
esta no temía en amenazar;
la suspicacia le confirmó mi adelanto
con el cuchillo en la mano
porque era tan grande, era tan observante;
se podía robar mis libros enteros —
pero me defraudé en mi frágil medido
/intento;
la araña se fue ilesa por la ropa doblada,
organizada y pareada
para mí uso predilecto de los días futuros.
voy acumulando miedo;
en algún oscuro lugar de mi habitación
me observa y la estoy esperando;

la espero a que me enfrente
igual que sus hermanos opresores
/precedentes.
tengo el cuchillo y el fuego pasional
escondido a mi espalda,
las palabras haciendo fila en mi boca;
soy mujer de instrumentos.
han pasado días y aún espero;
apunté a la araña en mi lista de raído
/venidero
junto al opresor de mi sueño, al violador de
/utopías;
al lado de quienes usurpan el país,
los glotones que se alimentan de un pueblo
/en anorexia
quienes de cultura y conocimiento tienen
/hambre;
un pueblo de poco en mano porque se los
/siguen robando.
en cualquier momento será el ataque;
y espero, a los que me quitaron las muñecas,
esos que intentaron clasificar y limitar mi
/intelecto;
los sonidos de mi sexo.
espero a la araña con el resto por costumbre;
han pasado días y nada me sorprende.

la expectativa

estiro sobre nuestros pies
la mesa
con su mantel
de raso brocado cobre y estrujado.
enjuago la vajilla
de mis ancestros maternales.
restriego muy acentuado los utensilios;
el tenedor tuyo tenía sarro.

mi intento fue una pérdida, no importó;
tú quisiste comer con las manos.

rebecca

esta mañana me levanté feliz:
lo primero que hice
fue una taza de café para mí;
y luego, fui
de camino a la funeraria
para dejar pagado
tu féretro.

fui a la floristería;
le dije a Pablo que yo quería
el ramillete más bello de camelias.
y me acerqué
a sus pétalos de marfil y les susurré
una melodía de recuerdos.
las camelias se rieron
porque ahora conocen tus secretos.

me detuve,
yendo al supermercado, en casa
de Rebecca.

ni ella ni su familia
me vieron entrar porque yo sabía
por donde caminar
y luego, fui
al botiquín de los tiempos atrás.
dientes de leche y cabellos de fuego persuadí
que se fueran conmigo,
para cumplir lo que ya prometí.

fui al parque.
de todas las niñas solo una me captó
y le ofrecí los dientes
como si hubieran sido dulces.
la niña no tardó mucho
en llevárselos a su boca.
y pensé,
ahora estará a salvo Rebecca.
en otro cuerpo, su niñez,
sin daños florecerá otra vez —

y regresé
por el camino que me guía a tu casa.
debajo de la entrada, sembré
los cabellos malcriados de Rebecca
(no se querían despedir de mí)
y cuando tocaron la tierra
la casa completa
se estremeció;
las ventanas crujieron
cuando supieron
las cosas que tú habías escondido
y las puertas, las puertas me prometieron

que no te volverán a dar paso, adentro.

muy feliz
al supermercado fui,
para comprar
una botella de coñac, bicarbonato
de soda y un jarrón de cristal.
iba a ser la ultima vez que tú harías daño,
yo pensé sonriendo,
porque tu pesadilla estaba por comenzar,
y nadie aún la había imaginado.

finalmente,
regresé a mi casa y lavé
la taza que esta mañana usé para el café.
dentro había una mancha
que no, no se quería ir —
y pensé,
esta taza no volverá a ser la misma,
como tampoco lo será Rebecca,
Delilah o Viviana.

yo tampoco me podré limpiar.
me enrosqué
entre sabanas después de tu partida;
y luego, comprendí
el poder de tu nombre
sobre los cuerpos — algunos menores.
me pregunté
si al robarte tantas otras vidas,
el sueño te castigaba en la noche.

nadie más pronunciará tu nombre.
con las manos
el jarrón de cristal yo sostuve;
dentro, susurré
tu nombre,
y antes de cubrirlo con bicarbonato
de soda, tu nombre me preguntó
por el perdón — ¡y qué satisfacción, qué
/goce!
ver tu nombre ahogarse
en coñac, en sangre
que asesina con su cólera.

esta mañana me levanté feliz:
la noticia llegó
al terminar de beberme el café
y fui directo
hacia la funeraria para ver
tu cuerpo
dentro del féretro.

las camelias
te acompañaron con mi melodía
de recuerdos
que será enterrada contigo.

nada sobra de ti ahora;
tu casa se suicidó en el silencio con el fuego
de Rebecca —
tu casa me prometió
venganza.
en mis labios, llevo una sonrisa

porque tu nombre no volverá a ser
/pronunciado
ni siquiera, por la brisa.

un pico de nieve

esta es una receta:
las palabras no son más que ingredientes
para llegar a un trato con mi voz...
una palabra es el respaldar de otra en
/camino;
todas se agrupan en una esquina,
haciendo la fila...
pero existen palabras que logran agitar a
/otras,
las baten y las mezclan
hasta ser altas, lucientes, un pico de nieve;
embeleso sabor en la lengua.

esta es una receta
poco de resistir, una antigua residente
desde los comienzos del tiempo, huésped
/entre reyes,
aprendiendo a moverse, a traducirse.
solo requiere un cuerpo
dispuesto a dejar sentir su lenguaje;

un buque donde todos los ingredientes
puedan cohabitar en armonía.

en la intervención del sexo

la infancia fue interrumpida:
una pausa arrastrada y tan prolongada
que al despertar
ya olvidé cómo jugar
con las muñecas de pesetas
que mi madre me regaló, que hombres me
/robaron
e incompletas me las regresaron.

estoy aprendiendo a nadar
sobre el papel y la tinta de lavanda;
estoy soltando de la garganta
la desgracia aledaña a mi sexo juzgado en el
/texto
con una lupa de burbuja
por hombres que creen ser expertos.

me pertenezco
y no tengo que explicar
con pretextos, con un silabario mi cuerpo

en el que tiendo el sueño del mar
en la cuna de mis hombros monte cervino
al cual ningún hombre es bienvenido.
no tengo razón para exclamarte permiso,
para darle uso al suelo
que nunca fue tuyo.

alardeas llegar a la cima,
pero tu alma se resbala fatigada de la cuna;
se pierde boca abajo por las cumbres.
el sacrificio es cúspide de orgullo
y no lleva sexo o un nombre
para sugestionarse con el resto del paisaje.

mis muslos son dos islas gemelas

de mi mandíbula nació un hombre
y no tuve miedo
cuando sordo al juicio del mundo lo
/descarté.
mi cuerpo no es un vehículo
para lo que en mi alma no tiene uso.
tuve muchos ejemplos y ninguno me
/convenció;
el rechazo no me venció.
soy un señuelo en el acertijo,
la incógnita de un mundo que no converjo.
mis muslos son dos islas gemelas
tiernas y separadas por el arrullo de mi sexo
donde nací y me transformé en mi propio
/lenguaje.
ahora, soy mi única madre.
he domesticado al hombre interno para que
/guarde silencio
y aventaje a la mujer censurada de su voz;
mujer de hoy, y de siglos pasados

limitada a respirar lejos de su propio
/pulmón.
qué haremos al plasmar cada palabra, le
/pregunté al mundo
cuando perdamos lo que es necesario...
buscaré en mi cuerpo y hallaré un
/abecedario;
y en mi sexo habrá un vocabulario nuevo
/desnudo
sin prejuicios;
y sé que en algún lugar del mundo
otros remarán por mis muslos
y no serán analfabetos.

poema del cuerpo

1.

nunca disfruté los espejos
antes de ser yo.
lo que habitó adentro del mundo paralelo
me señalaba, se encontraba incómodo.

cuánta vergüenza sentí al quedar desnuda
/frente al océano
antes de ser yo.
lejos, ningún farolillo encendido
fue para mí dirigido.

mi cuerpo envió un mensaje
antes de ser yo.
fue un lenguaje despertando
en el arrullo de mi sexo, que no podía ser
/ignorado.

fui una isla mítica sin descubrir

antes de ser yo.
ningún barco quiso zarpar en mi estómago
y mi voz fue un pulpo desconsolado.

no hubo brújula en el corazón
antes de ser yo.
la dirección hacia dónde ir no me convenció
y perdida quedé, en el silencio.

2.

el rechazo fue instrumento adyacente
para yo descubrirme.
la soledad me pareció una cuna de
/canciones
para juzgar mi voz en el eco.

no falta que los espejos me multipliquen
para yo descubrirme.
la verdad siempre estuvo dormida
entre mis dos islas gemelas.

no tuve que ser cortejada por reyes
para yo descubrirme.
de mi cuerpo soy la única soberana
para disponer la independencia de mi sexo.

3.

el perdón hacia el cuerpo es flor lavanda
para yo curar mi alma.
me llama el drama de la primavera,
en la que puedo enjuagar la falta de verdad
/donde fui nacida.

cualquier oportunidad es propina nueva
para yo curar mi alma.
maquillo mi rostro con matices de la
/bandera
que alta, hermosa, se levanta por mi cuerpo
/orgullosa.

el océano es la presente mejor compañía
para yo curar mi alma.
la sal y la espuma transpiran en mí las ganas
de voluntad embarazada para ser de mi
/cuerpo reina.

resurgí en la naturaleza del poema
para yo curar mi alma.
el cuerpo es impermeable ante la crítica
cuando, dentro del mismo, se aprende a
/habitar.

(des)enlace de continuidad

¿cómo se le quita algo a un fantasma?
deslizando el pasado sin mirarlo,
evaporando toda memoria
testigo de su espacio.

¿cómo se le quita algo a un fantasma?
rebautizando el cuerpo,
ignorando cualquier mal apodo
nacido del hombre, un pecado salvado.

¿cómo se le quita algo a un fantasma?
parpadeando hacia el futuro,
bailando hacia donde queda el ruido;
y su llanto mudo... abandonarlo.

lo único que hago es beber
beber y beber
esperando que algo
o alguien
me mate.

mi forma de quererte

en las tardes muertas
de lluvia quieta
cuando la comida del plato está pasmada,
me acuesto en tu estómago,
cierro mis ojos
y dejo que hormiguees tus manos
por mi lomo.
ronroneo suave un sueño
que en ti confío.
te voy enseñando mi lenguaje;
siéntete afortunado.
no es ningún código morse
tampoco un masaje de cortesía
ni una canción de cuna.
el aire púrpura vibra de la laringe
encima de ti.
es mi forma de quererte
decir que te quiero
y tengo hambre.

lolita

Lolita tiene ojos de avellana
que saltan
con su protuberancia
aquí y allá
como dos bailarinas
que buscan
un fantasma bajo la alfombra.

Lolita tiene una sonrisa
misteriosa
que la va enseñando
sin cuidado;
y es traviesa y pequeña.

Lolita tiene su larga uña
preferida y oculta
de cuchillo que rasguña
cuando se intenta
encarcelar a la vil niña.

pero, ¡mírala!
ronronea
que la vaya a acariciar.

traviesa y pequeña
Lolita, niña de ojos avellana
corretea en la casa
persiguiendo mi sombra
curiosa si me escondí bajo la alfombra...

traviesa y pequeña
Lolita, carita bonita de porcelana
tan caprichosa y querida
me busca por comida;
y contenta en mi pecho se queda dormida.

pero, ¡mírala!
buscarme
y no encontrarme.

aquí y allá
Lolita deambula en la casa
con su carita bañada de lágrimas;
y maúlla, triste maúlla
su hendidura latente y desfallecida
rasguñando la alfombra
porque en ningún otro lado me encuentra.

aquí y allá
Lolita contempla una manzana
pudrirse sobre la isla serpentina
junto a una cerveza

perdida, la espuma huérfana
y la aguja
rallando el plástico quemado.

aquí y allá
Lolita necesita de mi mano;
así que Lolita espera
por mi llamado,
el *ta-ra-lan* de mi tarareo.
Lolita nefelibata
se retuerce bajo mis sábanas
y olfatea
la humedad abandonada.

aquí y allá
Lolita maúlla, Lolita extraña
cazar de la mano anciana, ser mimada
por ella.
Lolita cenicienta
no podía
ver que su dueña
flotaba
de una cuerda.

canción herida

me despierto, pero no te encuentro.
ahora hay demasiado espacio
y no sé cómo
matarlo, zarandear de mis ojos pirómanos.

las mañanas se han convertido en tornados
y cuando preparo el café negro
me siento más solo;
ahora fumo para ignorar el tiempo
y en las noches me ahogo
en algo fuerte para olvidar tu nombre.

me estoy ahogando y no sé nadar:
aquí no hay orillas.
soy una bicicleta sin ruedas;
los zapatos sin suelas perdidos en la arena.

te escucho cantar, te escucho ronronear
pero eres un arpa sin cuerdas que no puedo
/tocar.

ahora soy mitad esquina
una abeja perdida en tu canción herida...
oh, ¡Euforia!
estas aguas ámbares son mi salida.

entre el océano y yo

entre el océano y yo
hay una tonelada de poemas y besos,
de muerte sedienta y abrazos
aguardándome para ser esponja suya
entre el cuerpo de sal y los labios de espuma.

entre el océano y yo
hay una promesa oculta;
me sonríe a la orilla, conoce mi dolor
observa el resto de mis días
en su oráculo de serpiente marina.

entre el océano y yo
hay una madre que se extiende
con el pasado apretado en el costado,
la verdad esperando
por mi ser volver en su sexo.

la promesa más alta

mi cuerpo tiene su propio lenguaje
para llamarte en lo no visible:
evoca las señales, emana su calma
resta el temor de ser entrado,
visitado junto a la promesa más alta.

el lenguaje de mi cuerpo tiene estrategias
para forjar su propio imperio:
ordena las palabras, danza en múltiples
/euforias
sobre el deseo primigenio
en libertad de mujer hacia la promesa más
/alta.

las estrategias del lenguaje de mi cuerpo
/tienen acuarelas
de alma prístina y guerrera
que no se deja reducir a la nimiedad;
hay una coma después de cada latido, cien
/pulsos por minuto
llamándote para remedir la promesa más
/alta.

la musa y su bienvenida

estoy aprendiendo a escribir poemas.
te besé y ahora las palabras
tienen un sabor
diferente.

los versos conversan sin problemas
sin yo buscar un refugio en la muerte.

naciste de las noches de octubre
y tus palabras son nuevos amaneceres
nunca antes cantados.
el papel comienza a sentirse pesado
cuando escribo tu nombre.

de amarillo mostaza son tus alas;
rubias y tibias al oído me acaricias palabras.

me entregaste besos donde antes hubo una
/herida de golpe;
y últimamente pienso:

he contemplado lo peor de la vida como un
/brote de fiebre.

mi depresión tuvo siempre un nombre
donde la culpa del pasado y el sufrimiento
/fue sepultado
en mi piel con palabras afiladas hasta que un
/día me acostumbré;
pero ahora, de mi cuerpo con tus besos las
/enjuago.
he renombrado el amor con tu nombre
y en tus brazos vuelvo a ser.

gatos pirómanos

la ciudad puede ser una caja de cartón
decorada con luces de Navidad
como si fuera una feria,
una taberna (tal vez el Nepeta)
con su puerta recortada con tijeras.

la ciudad puede ser una botella de vino
meciéndose, abandonada en el mar
después de la guerra.

la ciudad puede ser una chispa
que invento con mis dedos
y se transforma
en lengua para arroparnos.

la ciudad puede ser hecha de fósforos
que mis pupilas reflejan
cuando sus llamas encienden
y nos llaman.

la ciudad puede ser un espacio de letras
que nadie ha descifrado;
y todas esconden un pulso,
un llanto de caer
al vacío, todos los vacíos.

la ciudad puede ser una mujer
y sus muslos
que también son dos islas gemelas.

la ciudad puede ser el huésped
que todos consumimos
y esperamos
con su multitud de colores dinámicos
en nuestras venas pulsando
nuevos sonidos.

la ciudad puede ser el insomnio
nunca ganado en peleas clandestinas de
/techo;
las criaturas que mueven altares
y prenden la noche
elástica con sus ojos diamantes
de lujuria y luna consumida...
noche eucarística, noche de gasolina.

la ciudad se construye mientras la escribo
baldosa por baldosa en mi cabeza:
ciudad de los poetas, filósofos y putas,
de sueños y alcoholismo —
gatos pirómanos
con una bolita de algodón en fuego.

¡míralos, míralos a todos!
hacen filas como botellas de vinos,
como piezas de dominós
mientras yo juego a ser dios —
¡bam, bam!
presiono tu lengua y fuego
escupes para despertar mi infierno.

ojos de luna

en la noche oscura
de hambre abandonada
por la luna –
ella tan narcisista
que va detrás de poetas que la admiran.
esas noches de aquí y de allá
son las que nosotros gobernamos.

nadie nos ve porque somos relámpagos
un par de parpadeos,
de ojos grandes que expanden
sus pupilas invitando a los demás a que
/entren
a nuestra hambre que se arrodilla
bajo la piel.

raspo una bengala contra tu espalda
y la chispa
malcriada se alimenta del polvo.
tus colmillos inventan una luna divertida

atrevida y lasciva
que solo yo entiendo; yo te provoco.

finjo ser ciego
y te dejo
colocar el huésped en mi lengua
áspera y rugosa –
dejo que me abrace la garganta
y en puntas de pie
se lance con el ronroneo de una madre
a consolar una memoria herida.

me preño de tu sangre;
crea torbellinos en mis pupilas.
y dejo que tu luna, tan llena y bien
/escondida
me consuele el vientre.

somos lo que nos inventamos
cualquier cosa que pueda acomodarse
en una caja de cartón, en cualquier
/escondite;
y no hace falta nadie
para que nos podamos definir.

aquí nadie nos conoce, nadie nos ve;
no llevamos pasaportes.
puedo ser tu novio y tu padre, a la misma
/vez;
y si nos mantenemos en estos portes,
también puedo ser tu mujer.
no te perdono, pero sí te amo;

eres dueño de los sueños que ronroneo.

mi cuerpo es tu iglesia;
para erguir templos, sublevar la candela
y revolotear la risa contagiosa.
consolar lo que perdimos sin haberlo tenido
como la bola de rayos naranja
que nunca se abraza de nuestra espalda;
nunca penetra en ti y en tu verdad.

así que fumemos nuestra piel
en la noche oscura;
seamos sombras
ondulemos los rabos en el silencio
con nuestro aliento en llamas.

lo que para otros es un castigo
para nosotros, un reino...
nuestro pequeño delicioso purgatorio.
sonríeme, ojos de luna;
arrúllame en tu canción de pecho, en tu
/columpio de mar.
sé que te gusta.

pasajeros

en el arrullo de tu pecho
con su *purr purr*
de verano;
entre los rizos negros
ahí mismo
pierdo otra noche;
me escapo de la muerte.

desatiendo mi hambre
me hago caracol en tu costado.
vamos fatigados
pero ¡cuánta suerte!
mañana tendremos otros nombres.

todos los días son agosto

no al año ni al mes
sino cada día
me gusta celebrarnos
por coincidir en esta vida
y aceptarnos
así, tal y como somos.

siempre es verano
una oportunidad de ser gato.
mi amor, contigo
todos los días son agosto.

solo contigo y en ti
encuentro un lugar donde morir.

5:15 p.m.

1.

derramo tu cuerpo
con una delicadeza profesional
en el óvalo abierto de cristal.

no puedes evitar
girarte, abriendo tus aromas:
eres hierba cortada, albahacas y fresas.

una ristra de rosas;
mujer sensual y líquida
que me contagia de una pequeña risa.

risa que me adorna unas patas de gallina
en mi cara mojada y rosada,
brillante de una zalamería pervertida.

abrazas mi lengua.
te corres traviesa por mis venas
haciéndome cosquillas.

2.

asciendes por mi espalda
para sacudir cada pena de espina vieja;
y en mi cabeza, procuras acunar una balada.

es tu ventaja
vacilar con mi cordura;
convencerme sin razón a mover las piernas.

todo lo que circunvala se relaja,
suave y soñoliento como una lengua;
como un latido de estrellas incrustado en la mirada.

vivo para que tú seas mi sombra;
mi coqueta sombra bailarina
líquida y borgoña, que asombra

con su rocío de uva,
que hervida circula y me danza...
en mis pupilas se asoma.

3.

derramo de ti un poco más
para ensanchar tus fuerzas disuasivas
que me dibujan una sonrisa

gemela tuya riada de picardía;
y que perfora en mi carita rosada unos hoyuelos
que solo contigo se me revientan de alegría.

cuéntame tus secretos.
el aire de memoria proclama su despedida
y me quedo solo con tu música.

rizada, viajas en mis huesos
borgoña querida, para revelar tu coreografía.
¡en rimas se levantan mis brazos!

cuéntame tus secretos
gemela fugitiva, bailarina de mi euforia...
soy un búmeran de tu ambrosía.

bajo una cúpula

vamos sin collar
por el laberinto de los perdidos.

en cenizas respiramos nuestro hogar
rojo púrpura como la ciudad;
como la pólvora que imita en los aires el
/mar.

me escuchas preguntar:
¿acaso de esta nos vamos a salvar?
pero de tu lengua la respuesta fue restregada
y no volviste a maullar.

en círculos te veo pensar
como si no fuéramos a la cámara de gas.

altas y bajas
hemos tenido, ¿no?
finjamos que el amor es cruzar esta línea
¿entonces qué, corazón?

vamos sin collar
por esta campaña de humo sin salida.

nuestra ciudad es una llamarada
de ignorancia preñada,
bajo una cúpula
de historias prestadas y religiones falsas.

todas las excusas están gastadas.
rasguño el pavimento, sacudo mis bigotes
y guiño dos veces.
¿acaso no recibes mis indirectas?

no hay paz;
ceremonias que ahora nos puedan salvar
ni lágrimas que derramar.

vamos sin collar
y la muerta está cerca...

tu semblante se transforma
igual que un fantasma
y me susurras:
anoche soñé que fui poeta.

ahora sé que no hay respuesta
que duerma nuestra pena.

ascenderemos por la chimenea
seremos humarada parte de la ciudad
y otros, ¡nos van a respirar!

3 de agosto de 2020

desde la ventana

la ciudad despierta
en la boca
desencarcelada de un dragón.

en la mañana
antes de que grite la tetera
escucho la carne viva desde la ventana.

me asomo y ahí está
entre las lenguas, una cruzada
de felinos esfinges hacia el verdadero final.

es una balada
después que uno se acostumbra
a escuchar lágrimas partir del humo en la
/hoguera.

anoche murió un poeta
íntimo amigo, camarada de aventuras
y nadie hizo una elogiada.

las lenguas transformaron en cenizas
sus rimas y rompecabezas
y nadie lo recordará en la siguiente vida.

guindo una cebolla
en la ventana
buscando una excusa;

la pena extranjera
de alguien entre las lenguas
que suelte una lágrima

por mi amigo, el poeta;
alguien que me regale, que me bendiga
con un poco de su crítica

de su amargura y de su paz
mientras el té se calienta
y la saliva regresa a la ciudad.

5 de agosto de 2020

la herida

me gustas más cuando cortas
cuando eres un vidrio
abierto en el suelo
y te ríes
cuando me chupo la sangre
de mi dedo.
tu boca diamante, pero cortante
suplica un abandono.

me saboreo
con el pulgar sobre la lengua
y mis pómulos lucen más bonitos;
son más definidos.
dime que te hago sentir orgulloso
cuando chupo el sacrificio
que requiere
pronunciar tu nombre.

qué tregua
tengo que levantar, no lo sé

pero tu boca de portal tiene hambre;
me enseña su lengua
cuando chupo y chupo
tu falta de respeto de mi pulgar
y no entrego paz,
no permito a la herida cerrar.

17 de agosto de 2020

la rutina

dejé de comprar libros
y lindas flores.
ahora solo tengo botellas de vinos
y más alcoholes.

ahora solo espero
el siguiente horario de trabajo
poner la alarma
madrugar.

ahora solo bebo
y espero
el próximo día
volver a la rutina, a la misma mierda.

a veces pienso que soy un tipo de profeta
desdibujado mi futuro, saboteando
el presente, la razón de estar;
cultivando mentiras.

a veces solo quiero entumecerme
llenar mis vacíos,
y sentir nada
mientras bebo y espero.

a veces solo quiero
que tú mueras primero
para yo
matarme.

porque necesito la culpa,
una excusa
para tirar del gatillo, saltar con la cuerda;
tus manos para cortar mis venas.

la señal

rojo en la noche te siento
pedir ayuda
como una bengala
que estornuda
sus chispas
perdidas
en nuestro interior
silenciada porque así lo quiero.

soy tus ojos:
hazme la señal
para cuál taberna quieres entrar
y ordenar
dulce borgoña
en una copa de cristal;
tequila
con mucha sal;
mezcal
para liberar de mi interior
un poco la pena con la que te silencio.

tu esclavitud es moderna,
liviana y marginal
como hojas muertas
que esperan ser movidas
pero tus cadenas
son eternas.
solo yo las puedo mover
solo yo las puedo desaparecer...
y su metal tintinea igual que la campanilla
dorada que traigo en mi collar.

si existe un dios,
debí penetrarlo en tu cabeza
en tu casa que arde en mi garganta.
si existe un dios,
entonces comiénzame a rezar.

bebo tu vino
esperando despertar en nosotros
su vil efecto cursivo
que te provoca olvidar tu prisión;
efecto ilícito que camina
igual que las hormigas
picando migajas, provocando cosquillas.

soy tus ojos:
hazme la señal...
¿a cuántas gatas voy a perrear?
¿a cuál celosa voy a follar?...
pero seamos honestos
ambos sabemos cómo esto va a terminar;
y es que tú solo eres voz

y no decisión;
eres llanto y espacio y abandono
pero no dueño, solo hermano.

hermano ingrávido
en mi cuerpo.
rojo en la noche te siento,
familiar memento.
pienso
en tu deseo
de no ser residuo
con boca de cemento.

hermano secreto...
nunca aprendiste a matar,
y desearía quemar
tus cadenas;
derretirlas
solo para crearte un collar.

20 de agosto de 2020

el último poema

una vez dedicado a L.

llegué a la conclusión
de que lo mejor es que no volvamos.
algún día me voy a suicidar
y no quiero, no quiero
hacerte daño.

no puedo continuar
pidiendo que tú me perdones.
la culpa me consume, no me deja pestañar.
necesito librarme de los males
y espero que un día tú lo entiendas.

este soy yo diciéndote adiós:
cerrando puertas, dándole un final
a esas historias que dejé sin comunicar.

tú intentaste enseñarme a nadar,
pero no pude; tal vez, no quise —
y poco a poco, camino hacia mi destino.

todo lo que alguna vez soñé
esta bajo el océano, esperándome.

no es miedo, no es soledad;
es que nunca lograré estar satisfecho
hasta destruirme por completo.

pero recuérdame —
¡ay, mi amor, recuérdame!
recuérdame como yo fui aquel verano.
nada fue en vano,
mientras yo sostuve tu mano.
y te juro que el mundo
me dolió menos contigo a mi lado.

el bastión de las quimeras

nunca fue suficiente
y eso para mí lo hacía mágico.

éramos vagabundos
tumbados en la espalda de una camioneta
contemplando nuestra larga trayectoria
en la ruta de las estrellas
que nombres e historia le otorgábamos.

con la visión doble
te admiré columpiarte para mí placer
y cuántos poemas escribí en tus muslos, ya
/no sé;
perdí la cuenta,
era el verano que no había qué hacer;
cuando las monedas
no alcanzaban para quedarnos en un motel
así que mirábamos el cielo nocturno
y fantaseábamos con tener
nuestro propio motel.

nunca fue suficiente
y eso para mí lo resolvía todo.

teníamos cada sendero a nuestra disposición;
cada playa y cada taberna
era una casa que nos arrullaba con qué
/soñar...
¿acaso no recuerdas
desvelarnos con algo más fuerte que mezcal
y construir nuestro motel en las estrellas
mientras sobre nubes grises dormíamos en la
/camioneta?
¿recuerdas que tú querías
llamarlo El Bastión de las Quimeras?

rótulos en azul neón brillante
guillándonos en las riberas del Oeste;
cuartos de espejos que se multiplican...
soñábamos con un oasis para los encuentros
/clandestinos,
para los besos ilícitos y los vagabundos
/románticos
y fue como si todos los días fueran agosto,
como si fuera un verano inmortal
una cantilena folclórica
porque jóvenes nos sentíamos.

nunca fue suficiente
y eso me hizo quedarme en el pasado.

me quedé donde tú me dejaste
sentado en aquel umbroso restaurante

rumiando de la boca de la Muerte
porque dime:
¿acaso nuestro amor no fue suficiente?

y ahora solo sé
que otros te recompensan
por quedarte en un motel de miles
y entregarte a quien se ponga frente a ti;
ahora solo sé que para verte
debo entregar mis monedas faltantes,
cruzar umbrales y encontrarte
en la cama de un motel.

pensé que el mar era el lugar para un poeta
morir, pero mi culpa pide fuego.
mi pecado quiere ser besado por lenguas rojas
y ser polvo
ondulante en una noche de agosto.

fausto

he leído cuanto libro ha sido escrito
y no me siento erudito.
las palabras
tienen espinas;
son rojas y queman
cuando de mi alma se escapan.

tiemblo frente a todo lo que no alcanzo;
me embriago de tristeza y danzo
la canción perpetua,
que no tatúa.

vivo encarcelado
en mi propio recuerdo, criado;
y su boca sedienta que procura doblegar,
morder y rasgar
la culpa sombreada,
que malcriada
pellizca en mi sangre mareada.

he leído cuanto libro ha sido escrito
y no me siento erudito.
solo aprendí
cómo vivir sin ti.

aprendí a morir
sin ofrecer excusas, sin encubrir
el apetito de fuego infinito
y maquiavélico
que sediento cruza en mis venas
para abrir botellas
de promesas
rotas
perdidas;
de memorias dormidas,
y heridas
desatendidas.

he recolectado más corchos usados
que sueños míos realizados.
las pasiones expiraron
de mi corazón;
no quedan
aspiraciones que enciendan
nuevas lenguas,
que, rojas, no expriman lágrimas
bajo mi crepúsculo
alcohólico;
salmón gris rosado,
azul anciano, púrpura cansado.

la vida es un repetido segundo,

pero el arte ¡es eterno!
danzo atrapado,
la canción perpetua
que en mí actúa,
porque de ella me acostumbré;
y espero que alguien grite mi nombre:
"Fausto, huye de tu infierno."

pero depravado,
rebosante de pecados, respondo:
¡soy el recolector de corchos!
dueño y arquitecto,
un principito
de mis rasguños.
mira mis cuernos, ¡qué largos!

he leído cuanto libro ha sido escrito
y no me siento erudito.
las palabras
están frías
y cortan
en mi garganta.
brindo por el derroche
y maúllo mi tristeza en la noche.

pulgar contra pulgar

una pestaña reposa en tu mejilla;
todavía no está muerta.

tu mirada me invita
a rescatarla antes de la caída
con el mapa de mi pulgar

te ruborizas como un tulipán
que no sabe que me puede quemar
y pulgar contra pulgar,

con los ojos cerrados
el mundo se nos difumina en segundos
mientras ambos
apretamos la esperanza,
sembramos deseos
(el mío es construir nuestra casa)
y juramos secreto.

gano el juego;

de tu pestaña soy dueño
y siento un hormigueo,
la típica reacción que tu cuerpo me deja,
antes de salir por la puerta;
y nos besamos,
como pulgar contra pulgar.

y me despido,
sabiendo que mi deseo se hará realidad.

3 de septiembre de 2020

las felinas vírgenes de la diezmada

en las aguas negras
hay algo más, algo más...
que despierta
bajo nuestra ciudad
y su silueta
navega corcovada, serpentina y naranja.

en las aguas negras
hay algo más, algo más...
bestia hambrienta
que dilata su grieta y aminora las pecas
blancas, que guiñan huérfanas
sobre la verbena.

en las aguas negras
hay algo más, algo más...
suena la víspera,
con su boca de trompeta,
reclamando nuestra ofrenda:
las felinas vírgenes de la diezmada.

en las aguas negras
hay algo más, algo más...
vientre con dientes de hambruna,
que nos promete pandemia,
y nosotros con manoplas, con mascarillas,
le entregamos a las felinas.

en las aguas negras
hay algo más, algo más...
carnes vivas
fumador de serotoninas
que enardece, que pellizca,
la placenta enferma de nuestra culpa.

en las aguas negras
hay algo más, algo más...
traga y no respira.
¡derramémosle tequila, vodka, cervezas frías!
queremos euforia, queremos paz,
pero ¡todos los mapas terminan en el mar!

4 de septiembre de 2020

no hay poesía después de la muerte

y me pregunto
de dónde surge esta impaciencia
por morir tan pronto;
que yo me desespero con angustia
de no saber si podré leer
todos los libros
antes de saltar de un tercer piso y caer,
de tal manera, dejando esparcidos
mis sesos por el asqueroso pavimento.

que todo es una mierda
no saber qué hacer:
beber café o quitarme la vida
en ese dilema.
voy de camino, y la cabeza
me duele de tanto joder con la misma
cosa que me grito a mí:
"Gabriel, que pendejo eres,
queriendo morir por un poco de arte".

pero es también ese tormento
lacerante y vivido, que conservo y alimento
dentro en mi cuerpo,
lo que todavía me sostiene vivo.
y me digo, me repito:
"Gabriel, tú no puedes quedarte aquí
por mucho tiempo, así
que hazte el loco y pierde la cabeza;
deja tus heridas sin atender."

y así que caminaré, danzaré
en delirio cayendo sin caer de un puente
porque no hay, no existe...
no hay poesía después de la muerte.
pero seguiré, no tengo otro remedio que
/seguir...
(la sangre hace torbellinos si no la suelto)
y me lanzo a reír,
porque esta es la vida que me escribo,
de alcohol y sexo casual.

porque los besos, ya no se me dan
(es más fácil meter y sacar bicho de un culo);
que empiezo a pensar
lo que no vale la pena intentar
cuando existe otra clase de poesía
más exigente y sin decoros, de una violencia
que me invade con el dilema de morir
¡no sé, puñeta, no sé!
pero antes, iré por un café.
y me vuelvo a reír
porque solo yo me saboteo la vida,

como si me sobraran seis.

y antes de morir,
lo más cabrón es que una taza de café
basta para salvarme, para volverlo a pensar
y no suicidarme...

por un día más, porque tal vez
no hay poesía después de la muerte;
y aún así,
por poesía yo moriré.

entre 10,000,000 de diamantes

nos acostamos bajo la alfombra como gatos
que, en otra época, en otra vida
jugaban con el mismo amor;
y embriagados por el regreso, asombrados
/descubrimos
dónde los diamantes se escondían
que prendían guiñando como candilejas sobre
/nuestros rostros;
e hipnotizados quedamos enredando las
/manos.

hablar no fue necesario;
en silencio nos confesamos dentro del calor
/azul cobalto
desprendidos de gases blancos
/rizos de brisa.
presionamos audífonos en nuestro corazón
y te tarareé el sexteto
de una película;
y me diste la razón: era tu preferida.

hablaste de un niño que vive en un asteroide entre
/los diamantes
y procuraste que cerráramos los ojos para
/escuchar su risa,
para saber que todavía seguía con vida;
que al final,
sí regreso con su rosa.

comenzaste a llorar porque nos sentiste
/pequeños
entre 10,000,000 de diamantes;
y también lloré,
porque yo sí creo en los regresos.

que, a pesar de los años, te sigo sosteniendo
/la mano.
¡y qué afortunado es respirar sin prisa la vida
/a tu lado!

tus ojos son dos tintos de verano
de los que no me canso de embriagar;
y no recuerdo la última vez que estuve tan
/nervioso.
te pregunté si querías ser mi novio
entre 10,000,000 de diamantes como
/testigos.
y no hubo título, solo un nosotros
que no se tuvo que explicar bajo la alfombra;
porque donde un latido pulsa incondicionalmente
/por otro,
se rompe un mar de posibilidades sin definirse.

ariel

me gusta el sonido de nuestros nombres
cuando están juntos;
son casi iguales
líneas que se cruzan de manos.

si le quitamos
dos letras a cada uno
cuatro en total
y añadimos
una A al tuyo,
ambos
     nos
llamaríamos
        Ariel.

en mi oreja

en mi almohada
hay una ciudad de hormigas
que despierta cuando mi cabeza
finge estar muerta.
las escucho conspirar
como lluvia que susurra,
salpica, y se desliza en mi oreja;
como lluvia
que manosea una ventana
que suplica entrada,
ser invitada
a la casa
solo para después ahogarla
en su conspiración, en su mentira.

en mi almohada
hay una ciudad de hormigas
que siembra sus migajas
en mi oreja;
patrullan, hacen una hilera

sin provocar cosquillas
sin levantar
una sospecha.

en mi almohada
hay una ciudad de hormigas
que apuesta a favor de mi demencia.
todas crujen, respiran
en mi oreja.
la reina hará una fiesta,
eso proclaman,
y me incitan a encender en llamas
la ciudad, mis sábanas;
juegan a que pierda mi cama
y esto nadie lo explica
nadie lo atestigua;
por eso lo convierto en poema.

16 de septiembre de 2020

melrose

por las calles me dicen Quijote del Nepeta
el gato que cambia sus pocas monedas
por unas cervezas en la gasolinera;
el que va con los bigotes como antenas
y escucha y habla y guarda
otro alguien en su hueco interior;
un huésped que araña mis entrañas
pero que yo duermo con tintos de verano.

y aquí permanezco
flotando de un bálsamo cálido,
contemplando
la ciudad de fósforos
que enciende con su calor mi rostro.

esta es mi última vida
y si fuese hoy el fin del mundo
me hubiese encantado vivirlo contigo
tú, mi borgoña, suave Melrose
para quien he dedicado mis otras vidas.

por las calles me dicen Quijote del Nepeta
el gato que cambia sus pocas monedas
por burbujas en una copa en la plaza;
el felino que se desplaza
por las madrigueras del pasado
de invierno azul agostado,
con la sarna hasta la garganta
y mi hermano embrión
como una sombra, como un tumor.

he perdido mucho, Melrose
y de sed ya no carezco;
no retengo nada excepto costumbre...
aquí todo se carboniza en olvido
y estas malditas calles siguen gritando tu
/nombre;
contigo fui un niño-hombre
nuevos sonidos
y bebiendo de tus labios volví a nacer.

¡oh, Melrose, tú que fuiste mi estrella Norte!
mi brújula, mi decadencia...
conmigo eras como un higo recién abierto
y en mí florecías
como los Jardines de Babilonia –
¡oh, Melrose!

por las calles me dicen Quijote del Nepeta
el gato que cambia sus pocas monedas
por onzas de ámbar en la taberna;
el vaquero taciturno, sin hogar ni destino.
tu castillo se derrumbó

así que, dime ahora ¿qué defender?
tengo una guitarra
pero ninguna canción ni aves que liberar;
todas emigraron de mi garganta.

y aquí permanezco
flotando de un bálsamo cálido
contemplando
la ciudad de mil lenguas abrazarme y tú no,
mientras que a mi hermano embrión
decido vomitar, ¡de mis entrañas liberar!

poema bipolar

tengo un poema con vida propia
que me engaña la mirada,
me secuestra
algunas palabras y no dice nada;
es un ladrón, usurpa y burla
ventila una risa malvada
contra mi miopía
y luego asegura que es mi culpa.

tengo un poema que respira
que crece solo y no me necesita.
hace lo que le brota
de los cojones;
se cree bien grande
y me siento como una madre;
una madre que le llora, le llora, le llora...

tengo un poema suelto en la casa
y me duele la garganta
de gritar su nombre, de convencerlo

a quedarse conmigo;
le digo mis palabras escogidas,
y el bien hijo de puta me las avienta,
me grita de vuelta
con sus palabras de espinas, tan ilícitas.

tengo un poema narcisista:
no pide limosna
piensa que es un erudito
con las palabras del diccionario
usándolas como fósforos
sin pensar que un día se puede quemar
me puede matar
por su jodida bipolaridad.

tengo un poema que es suicida:
solo rima con navaja
pistola y cuerda
y se escapa, salta por la ventana
hace ceremonia
para llamar la atención;
se disfraza con otras palabras
que nunca fueron mías
ni suyas;
palabras como pulgas
que no duermen y pellizcan.

tengo un poema que me quita la calma,
que me despierta las angustias
en las noches sedientas
y desborda mi copa
con memorias y remordimientos.

sus palabras son egoísmo en combustión
que desmantelarán mi reputación
y no habrá más, nada más
que una humarada para recordar.

10 de septiembre de 2020

trueque del cuerpo

he disuelto el huésped en mi lengua
antes de entablar ceremonia
y llevar a cabo el trueque del cuerpo por una
/botella de ginebra.

tú nombre está suelto en algún lugar
entre las sábanas
de satín y lo corporal.

y mis muslos donde escribiste tus poemas
son ahora El Bastión de las Quimeras;
otros menos tú me visitan.

estoy sentada en una cama
con esperanza ceñida de que sea nuestra
y exprimir de mí la angustia.

quiero ser redimida;
ser líquida en las zarpas
pero contigo, ¡sólida como tus poemas!

te llevo esta roja ondulante epifanía
esta vigilia de rosas muertas
para que tú las revivas.

ser amantes es otro lenguaje

mi cabeza en sepelio
sobre la cama.
muerdo
la almohada
cuando
me arqueas la espalda.

demostraré
que puedo moldearme como tú prefieras
y seguir tus reglas.
demostraré indiferencia
cuando otros pronuncien tu nombre,
incluso cuando tu perfume
lo tenga impregnado.

esperaré en el rincón más olvidado
del centro comercial,
y de mi carro
subiré a tu carro, ebria
de euforia;

y al oído me dirás
que soy especial y besarás
mis nudillos.
tomaremos una bifurcación
mientras tu mano provoca torbellinos
en mi pierna
hacia los secretos
más ocultos de la ciudad.

fingiremos
que el celular no tiene señal.
nos quitaremos
cada uno el disfraz;
aquí nadie nos reconocerá.

descorcharé
una botella de champán
y dejaré
que la espuma
eyacule
humedecido la alfombra
bajo mis pies.
seré tu bailarina
cantaré
tu canción favorita.
y desabrocharé los botones
de tu camisa.

prometo no dejar
marcas
en tu cuello.

prometo guardar secretos
y eliminar
cada mensaje, cualquier rastro
que nos traicione.

porque ser amantes es otro lenguaje:
un código de párpados
miradas discretas
de ventanas incógnitas,
de quedarse con ganas de más.
ser amantes es conocer
todas las señales,
y aguardar
callar
mi cabeza en sepelio
sobre la cama
porque dime, ¿cómo no hacerlo?
entregarme a tu esencia
que me desborda de placer clandestino;
y tregua con la culpa
alcancé para no morirme
porque ser amantes es esperar
un turno en la madrugada;
es reservar un espacio en tu cama.

no quiero sentirme así
pero necesito de tus manos para comer.
no quiero buscar de ti
pero haría cualquier cosa por volver.

y es que toda mi vida
la fui construyendo alrededor de ti

como religión,
como un embrión
tatuado en la placenta;
por eso
demostraré
que puedo moldearme como tú prefieras
y seguir tus reglas.

entrégame una hora,
un nombre, la ubicación del lugar
dónde vamos a cenar
(podré la botella de champán a enfriar)
y seré carne de tus respuestas,
de tus expectativas;
seré la otra,
el nombre que cambias en tu celular.

seré tu prórroga favorita
ebria de euforia
que espera,
espera y espera...
nefelibata de tus promesas.

18 de septiembre de 2020

karma

tú que finges no saber
laceras mi piel;
te derramas
como vino tinto en la nieve
y dices
que no es tu culpa.

te ríes
sin vergüenza
pero veo cómo ocultas
las botellas;
cómo murmuras
mi nombre,
todos mis nombres
y está bien,
no tienes que admitirlo;
yo también
fingiré
todos mis orgasmos;
me desplazaré

de la cama
con toda mi calma,
despacio como te gusta
y mi espalda
blanca
será un lienzo
de memorias agrietadas.

para cuando mi ausencia
se oscurezca
tus párpados latirán
por el karma.

no podrás ver más allá
de mi espalda;
todo regresará para atacar
para sembrar
espinas en tu garganta,
para crearte
el maullido incesante
que me negaste;
y serás carne masticada,
una herida
huérfana que invita
la sarna a hospedarse
e irritar tu culpa.

y serás una botella
de vino, desierta
en manos de la muerte;
vivirás en una urna
de funeraria
y yo soplaré tus cenizas.

hiedras y sal

estoy sentada en una cama de piedras ígneas
y la brisa me flamea con un aroma de
/melancolía.

estoy sentada como una muralla, quieta
/como aguantaderas,
y una lluvia de bengalas zarpa por mi
/espalda.
me lastima, pero ya me había lastimado,
y ahora es resonancia;
pequeña huérfana del tiempo.

la ciudad se levanta como una amapola;
respiro su holgada despedida.

cuántos años estuve aquí sentada,
no lo sé, no lo sé.
y sentada frente al mar,
le pregunto, y el mar no responde.

resplandor crepuscular,
mis párpados te visitan por última vez,
y verte dormir en el horizonte;
las olas se aquietan, la arena se calienta
y estoy sentada en una cama de piedras
/ígneas.

para la historia, para la eternidad,
como esfinge de una princesa de Pompeya,
nimbada para los futuros exploradores y
/turistas;
las heridas resumidas, hiedras y sal,
engalanando mi espalda, mi vestido de
/bandera.

cuando la amapola encolerizada se
/desplome en cenizas,
el mar entrará para escobarla, y quieta
/permaneceré.

prometeos y el abrazo

como una tormenta dejando mi cuerpo
me desplomo en el viento
floto en el vacío del azul cobalto:

soy columpio.

antes era silencio
depresión en sabático
pero ahora puedes oír mi silbido.

voy regresando.
dormí en el ojo del monstruo
que al mismo tiempo vivió en mi cuerpo
abortando mi gran canción
los nuevos sonidos.

de mis huesos
chupó la visión de Poseidón, reservó
mis antiguos atributos
y enlazó a otra persona en mis manos;

pero,
con esqueleto incompleto
propuse un divorcio, rompí el oráculo.

del otro lado
puedo ver una ciudad de fósforos;
un aquelarre de felinos
y sus sacrificios.

no sé cómo pertenecer, así que navego
navego y me columpio en el humo
pero ahí está, Prometeos
ofreciendo su fuego
y rojo amapola son mis dedos.

estoy cayendo;
sostén tus manos, forma un barco.
mi Euforia, ¡cuánto te estuve buscando!
en ti me abrazo.

de fuego y cenizas

dibujaré tu silueta con un crayón
rojo partido a la mitad.
volveré a crearte
en la acera frente a mi casa
bajo el sollozo
del cielo azul púrpura
que me acompaña en la tristeza.

inventaré un conjuro,
una canción de manos que cruza
/dimensiones
que se inyecta en los sueños
para criar ideas
de fuego y cenizas.

si pronuncio tu nombre
hormigas morderán mi garganta
y de la acera vecina
chispas brotarán para gritarle al cielo,
extinguir la sed

competir con el sollozo
y el trazo de crayón se convertirá en sangre
que recorrerá toda la ciudad.

trataré de ser paciente
y no una paciente
intentando comprobar tu existencia
con residuos y magia,
mementos de una vida pasada...
gritaré tu nombre
y estaré segura que la próxima vez
no volverá a ser en vano;
que tu sangre
será escuchada en la ciudad,
hervirá bajo nuestros pies
y todos sentirán
tu poder, ¡la gran fuerza invisible!

caminaré lejos de ti
y todos se aglomerarán en la acera para
/verte.
modelaré para tu placer
en todos los rincones de la ciudad.
provocaré orgías
y escupiré hormigas.
me balancearé
cruzando las piernas, mis manos en las
/caderas.
me deslizaré
como más te gusta:
la mandíbula en ceremonia, mi coleta
/dorada

fatigando la bruma, la ceniza...

cruzaré la ciudad para darle vuelo a tu
/paladar;
seré tu misionera, tu Godiva.
todos compartiremos una misma saliva,
un mismo templo donde rezar
y arrodillarnos;
donde criar la ceniza
y sacudir la tristeza de mis ojos pirómanos.

pa’l carajo

a veces
solo quiero
abrir una botella
de vino y bebérmela toda de un sip,
y gritar puñeta
mientras todo me resbala
que nada me importa una mierda.

solo quiero ver el mundo quemarse
y quemar
todo pa’l carajo.

el final del mundo

como una franela escarlata,
una lengua borboteante
se levanta
para abrigarnos
y nadie pensó que la muerte
sería tan lenta;
que nuestra suerte
tenía un día nublado en el calendario.

me tuerzo en la ventana
para contemplar que su llegada,
que su espalda
erguida nos eclipsará la mañana;
que su lengua
nos lamería de la ciudad
mientras hermanos felinos se inyectan
la morfina caducada, la heroína prestada
y suenan las campanas
sacudiendo urnas
de penitencias en apuestas.

el tiempo de hibernar
caducó y solo nos queda la gran llegada,
esta ceremonia de lengua
en boca encabronada
en boca sucia, de puta rechazada
boca de ciudad
boca de placenta
que procura ejecutar
sentencia y no recolecta penas.
el tiempo de peregrinar
fue quemado,
ahora es un sueño malogrado
y solo nos queda el reloj
para derretirse;
solo nos queda el alcohol
para dormirnos
y el huésped
para la boca y las manos.

nunca creímos
que el final
sería como un lápiz labial
como una tortuga
saliendo de su casa, entrando a la ciudad;
una lengua en U
haciendo burla de nuestra borrachera;
una lengua como una mariposa
revoloteando
en la tierra, lamiendo
como una franela escarlata.

nadie recordará
cuál o qué música vibraba —
pero nuestras gargantas
todos las quemamos en la taberna
con vodka y mezcal entre putas y filósofos
rogando la misericordia,
en nuestro templo de fósforos
en nuestro viaje
que solo el huésped otorga
y dentro vemos todo y nada a la vez;
sentimos cómo la pandemia
nos cepilla la piel.

he visto mucha gente morir
y apenas me sirvo el té.
desde mi ventana escucho reír
poetas en la calle
y observo a los últimos amantes
irse en un abrazo
transformado en cenizas.
me inyecto la morfina
suelto la goma
elástica
del brazo y la jeringuilla
me eleva
con su Apocalipsis,
y suelto una risa antes de saltar
por la ventana;
una risa que revolotea
como mariposa,
como una franela escarlata.

29 de septiembre de 2020

2020

mi cuerpo está cambiando;
puedo sentirlo.

¡qué bonito es hacer el amor en la cocina!
prender el horno, derretir la mantequilla
los 2 con un delantal
de flor de maga
sobre nuestras barrigas.

tú volteas el pan
mientras
                              yo vigilo la greca.
la mesa dispuesta y candelas en lágrimas
bajo un pequeño calor danzarín.

estos son los días que recordaremos,
cuando nuestros cuerpos
sean gordos y esponjosos
y más hermosos.

los 2 en calzoncillos
LDR y Taylor Swift girando en el tocadiscos
mi jiji juju ju
la mesa con libros
y macarons con sabor a cumpleaños.

¡qué bonito es tenernos!
mi cuerpo va cambiando en tus manos.
ronroneo al ritmo de tu corazón;
estoy ebrio;
tus ojos son como 2 tintos de verano.

y seguiré creciendo,
bebiendo y engordando;
celebrando nuevos aniversarios
en tus labios;
los 2 nunca dejándonos de conocer:
pizza caliente, memes y ANTM en el
/televisor;
yo cantando para ti una canción
porque *dime*
que tú me quieres o seré
un gato muy triste.

aquí son los días que recordaremos:
cuando seamos 2 viejos
más arrugados
que una grosella seca,
en los campos, en las riberas...

miráremos hacia atrás
y nos fijaremos que todo ha cambiado
excepto,

tal vez, nuestros ojos
pirómanos;
estas brasas de amor estival
que ronronea y ronronea una hoguera.

sylvia

no quiero despertarte,
pero ¡oh, Sylvia!
una vez quise ser como tú.

sigue durmiendo;
no soy más que un espectador
recogiendo
tus versos con pinzas
de tu campana de cristal.

hay quienes caminan por tu tumba
y de ti escriben biografías,
pero ¡oh, Sylvia!
hija abeja, princesa de la muerte,
tres décadas te bastaron para cruzar
hacia la eternidad.

vives en insomnio dentro de mi cabeza,
escribiendo diarios
a las cuatro de la mañana.

muchas veces intenté ser como tú,
pero ¡oh, Sylvia!
no sé cómo hacer mitología.
confieso que aborté
mi pequeña sombra de acercarme.

cócteles y píldoras
eran capaz de reencarnarme:
la bella durmiente,
primavera entumecida.
una vez intenté
dormir mi cabeza dentro del horno,
cuando terminé
de hornear
unos *macarons* franceses.

qué ocurrió después,
no lo sé; solo sé
que estuve deshabitado de ser prístino
por querer ser un mito;
todas las ceremonias sepultar
y mi ego en un altar,
pero ¡oh, Sylvia!
el arte no es morir y morir no es vocación,
aunque es cierto, es una tentación.

pero también aprendí
del arte de vivir:
no existe poesía después de la muerte.

también aprendí de mi amante,
de su abrazo de euforia,

todo lo que se requiere para no ser
la bella durmiente.

no quiero despertarte
pero ¡oh, Sylvia!
una vez quise ser como tú.

11 de enero de 2021

gato barista

crearte es una ceremonia de cualquier hora
entre mis manos y la tierra
tus granos y la máquina, la taza y mi boca.

es un ritual visible
que los demás ya dan por entendido
porque eres comestible;
una parte común de sus monótonos días.

ellos no conocen tu origen
y por ahí van llamándote otros nombres.

de todos modos, ellos vienen
como felinos muertos;
ellos se sacuden
como zombis, como militares en su día libre

hacia mi templo ellos vienen
para comprarte y beberte y sentirte
y no llamarlo magia.

para ellos eres dinero en un vaso de cartón,
una breve solución al problema
antes de abrir botellas más pesadas;
pero, yo sé mejor:

eres dios, un hacedor que nace de una flor
para ser molido y filtrado;
el elixir de la vida, nuestra gasolina.

contigo descubrí nuevas formas de rezar;
que soy tu mesías, un gato barista
y mi trabajo es chispear
mis dedos para al mundo despertar.

querernos así

y si quiero seguir adelante
tengo que aceptarte
perdonarte;

tengo que dejartar

                    en mí.

querernos así.
tengo que vivir con nuestros errores;
que está bien escribir

                    mal tu nombre.

conducirme sin ti

antes yo esperaba por ti;
te necesitaba.

¿cuántos libros leí
acuclillada o sentada como indio
levantando la mirada
de las páginas
para no perderte?

era casi una ceremonia
a la misma hora.
siempre dependía
de que tu largura sobre ruedas llegara...

ahora solo tengo que abrir una puerta,
girar la llave
acelerar.

ahora puedo ir a donde yo quiera;
seleccionar la música

y dejar que mi voz se convierta
en rizos con la brisa,
un caracol por las ventanas abiertas.

nunca pensé que sería fácil;
que irme me ahorraría
un par de monedas.
nunca pensé que te convertirías
en una memoria
con sabor a metal;
en un poema
que otros leerán.

nunca pensé que obtendría licencia
para renunciar
y no esperarte más;
salir de aquí, conducirme sin ti.

contenido

Sobre el autor

Gabriel Cortés Serra (Trujillo Alto, Puerto Rico) es barista, lector y escritor, como también un apasionado repostero del macaron francés. Estudió Comunicaciones en la Universidad Ana G. Méndez, donde participó en SEDUE radio con su propio segmento sobre libros y películas, *De la letra a la pantalla*. Ha colaborado con la revista *Hound* y el blog *Chocarrer@s*, publicando poemas y cuentos cortos. *Mis manos son otra persona* es su primer libro.

Instagram: @the.poettitute

Email: gabrielcortes.autor@gmail.com

Made in the USA
Middletown, DE
08 November 2024

64076998R00106